사랑한 후에
마시는 요쿠르트는 맛있다

홍철기 시집

■ 시인의 말

미안하다 말하지 못한 때가 있었다
사랑한다 말하지 못한 날이 많았다
고맙다 말하고 싶었다

말은 늘 멀리 있었다

그런 날들을 하나둘 헤아려 보니
내가 시를 쓰는 이유가 됐다

2025년 여름 군산에서
홍철기

차례

■ 시인의 말　　　　　　　　　　　　3

1부

밥값　　　　　　　　　　　　　　　10
사랑한 후에 먹는 요쿠르트는 맛있다　12
악수를 한다는 것　　　　　　　　　14
정류장　　　　　　　　　　　　　　15
한 판　　　　　　　　　　　　　　　16
적적함이 적절한 날　　　　　　　　18
건조기 안의 날씨는 맑음인가요　　　20
폭포　　　　　　　　　　　　　　　22
팥죽을 먹다　　　　　　　　　　　23
안개　　　　　　　　　　　　　　　24
당신은 지금 야근 중입니까　　　　　25
끝　　　　　　　　　　　　　　　　26
선인장　　　　　　　　　　　　　　28
이별은 늘 다른 별에서 온다　　　　30
은둔형 외톨이　　　　　　　　　　32

2부

접시	34
노안이 왔다	35
나무에게 물었다	36
밥 한번 먹자	38
집을 생각하면 배가 고파져요	40
보들레르 보드카	42
클립	43
마지막 달력을 넘기는 일	44
피스타치오	46
문신	48
오늘이 가려운 이유	49
나이테를 그려 넣는 밤	50
우리 동네 헬스장 주의사항	52
손은 불륜이다	54

3부

긍게	58
단풍으로 걷다	59
당신을 접다	60
하루를 핥아보는 혀를 가지고 싶다	62
누구도 묻지 않는 말	64
군산역	66
당신이 눈 밖에 서 있다	67
분리불안	68
선유도 가는 길	70
금강 하구	71
매미	72
나는 첫눈입니까	73
연꽃	74

4부

오목과 볼록 사이	76
파도가 당신에게	78
가로등	79
당신에게 기울어진 장미꽃을 본 적이 있다	80
몸살	82
삼류시인 서정유객抒情幽客 홍 씨	83
구곡간장九曲肝腸 부산 새댁 탁 씨	84
택배기사 월하유운月下流雲 서 씨	85
자서전	86
귀향	88
비린 숨을 쉬다	89
백내장	90
쿠릴열도의 영태를 찾아서	92
퇴근길	93

■ 해설
 황치복 _ '입'에서 '귀'에 이르는 길   94

1부

밥값

뜨거운 해가 나를 향해 목을 기울인다

기울인다는 건
내 목을 누군가에게 내어주는 일

짐승의 무리는
목을 물리는 순간 서열이 결정된다지
그렇게 나는 낮은 짐승이 되어
목을 내밀고 가쁜 숨을 몰아쉰다

숨이 가쁘다는 건
심장이 기울어 삐끗대는 것

지금, 아프리카 초원 어딘가
누군가의 심장이 저물고 있겠지

생각 위에 선 호흡이 거칠어질수록
목 뒤를 잡아 지긋이 주물러 본다

세상과 내가 눈을 마주칠 때마다
목젖을 한껏 보여주고 싶다

오늘 하루

세상을 힘껏 물고 늘어진 내 밥값이다

사랑한 후에 먹는 요쿠르트는 맛있다

처음 가는 곳마다 당신은 요구르트를 먹었다
우리는 이렇게 작은 요구르트병을 사랑했다

신비로움에 대해 말해 봐
요구르트 맛은 신비롭다고
눈밭에 오줌을 누면서 말했다

신비로워 스며드는 순간을 사랑한다고
나는 사랑하면 요구르트를 마시라고 말했다

당신은 나를 만난 순간
요구르트가 없다면 떠날지도 모른다 했다

몸 깊은 곳마다
서걱거리는 마음 사이로
꽃잎이 날아왔다
꽃은 한쪽으로만 몰려가고 내 마음도 따라 몰려
사랑해 말해 보는 입안 가득
동그랗게 말린 혀 사이로
요구르트 향이 가득했음 좋겠다

꾸덕꾸덕 지지 않게 흘러내리는 아침
커튼을 걷으며 사랑한 후에 마시는
신비롭게 맛있는 당신

하늘이 온통 요구르트 맛이다

악수를 한다는 것

봄볕에 누운 꽃잎처럼 닿았다

당신 손이 내 손을 잡을 때
나는 조금은 착해진 것 같아

세상 모든 것을 잡아보던
당신의 마음이 다가올 때.

누구와 누구가 아닌 것처럼

감싼 크기만큼 허락해도 좋을
세상을 알 것 같았다

때때로 버리고 간 날이 부끄러워
한 손으로 다른 한 손을 주물렀다

손끝이 아닌 전부를 내어
만나고 싶은 날이 많아졌다

정류장

 먼저 이건 비밀이라고 말을 하고 시작할 거야 사실 비밀이라는 건 몹시 은밀한 것이라서 비가 오는 날의 반쯤 부서진 여관 간판을 바라보는 일이거나 그런 여관 이름이 발칙하게도 시크릿이거나 거기서 우리는 왜 지구 같은 행성은 하나여야 하는지에 대해 깊게 생각해 보고 싶을 거야 지금 우리는 하나가 되는 거야 이런 풋내나는 은밀함이 아니야 상큼한 요플레를 한 숟가락 가득 떠서 입안에 넣어주고 싶을 만큼 멋진 밤이라고 나는 지금 너와 지구의 자전축처럼 끊임없이 돌고 싶어 여관 이름은 죄다 무슨 무슨 장이라서 비릿한 맛들뿐인데 우리가 머물 여기는 정류장이잖아 입 안 가득 알알이 퍼지는 알 수 없는 성별의 이야기가 잠시 머물다 사라지는 정류장이라니 여기라면 지구의 자전은 늘 같은 방향이어야 하는 것에 불만 가득한 철학자가 돼보는 것도 가능할 것 같아 벽지 가득한 원시인들은 모두 배가 불룩하게 나와 있고 눅눅한 커튼을 걷어 올리면 전등은 더 이상 발기차지 못하고 고개를 숙일 거야 그래도 여기 정류장에선 비밀이라는 모든 이야기가 환해지는 일이란 걸 알고 싶다면 조금, 쉬었다 가지 않을래

한 판

달걀 한 판 사서 퇴근하는 길

시장에서 만난 세상과 한판을 뜨고
그런 부담스러운 언어를 하나씩 고르다 집어 올린 계란 한 판

흰자와 노른자 사이 부대끼며 살기는 어쩐지
막막한 껍질도 알고 보면 힘들게 오늘을 버티는 중이란걸
어떤 날은 깨져봐야 답을 알 수 있다고
힘없이 놓아버린

냉장고가 열심히 품어도
새로운 시작은 알 수 없고
집에서 기다리는 병아리가 마냥 보고 싶어
가슴 속 종이 한 장을 다시 접어 넣는 길

부리를 보일 수 없는 이야기는
늘 깨질 것 같은 비릿함에 묻어놓고
조용히 조용히
귀가하는 저녁 한판

누구나 품고 있는 날달걀
밖으로 꺼내 힘껏 던지고 싶은

그런 저녁 한판

적적함이 적절한 날

적적하다고 말하려다
적절하다고 말한 날

물속에서 숨을 참는 기억은
적절하지 못해
여전히 헤엄치는 법을 모르는 당신

적적함이 적절하지 못해
불러야 할 이름을 놓친 나

어쩌다 생각하는 것이란
누군가 한 번쯤 잃어버린 것이라서
무심한 적적함이 아득한 여기
그래도 살기 참 적절하다고 했다

나는 아직 숨 참는 법을 배우지 못하고
물 안에서 보는 당신을 모르고
언젠가 숨을 쉬지 않아도
적적해지지 않는 날이 오면
적절한 이별을 할 수 있을까

적적하다는 말 대신
적절하다고 말하는 날이 쌓여간다

건조기 안의 날씨는 맑음인가요

건조기는 사실 건조한 걸 싫어한다고 해요
사막에서 물을 찾는 이유와 같죠

오늘도 건조기 안에선
줄어드는 시간과 줄어드는 옷과
줄어드는 하루가
그렇게 딱 맞아떨어지는 오후를 만들어요

오늘 날씨는 맑음이란 한 문장에선
촉촉한 당신 입술을 못 찾겠어요

사실, 비밀인데
건조한 건 옷이 아니라 내 심장인데
자꾸 바짝 말린 옷 탓을 해요

당신에게 보낸 편지가
자꾸 되돌아와요
반송금지라고 적어도 봤지만
안되는 건 안 되는 거래요

나를 건조하지 않게 취급 주의해 주세요

내 허리춤에 꼬리말을 달고
당신을 만나러 갈 거예요

당신의 건조기는 여전히 맑음인가요

폭포

오늘은 묵직한 커튼처럼 펼쳐볼까

떨어지는 순간 생각한다
오늘은 조금 더 무거운 하루였을 뿐

곧 바닥과 만날 것이고
내 안에서 오래 닳은 말 한마디
준비된 인사는 뭐라고 할까

급류를 거쳐
강바닥에 이를 때
허물을 벗은 뱀처럼
선명한 물방울로 피어오르는
혀

바닥에 나를 던진 순간
내 안 가득 퍼지는 울음

지금까지
한 번도 포기하지 않았다는 증거를 내민다

팥죽을 먹다

옆집 아빠는 이번에 승진했다는데 하며 시작한 말이 러시아가 우크라이나를 침공한 일처럼 내겐 어처구니없게 들리고 그 옆집 아빠는 본 적도 없는 내게 선전포고를 했다 무심코 팥죽이나 먹을까 하는 내 말이 지금, 당신 손길로 번져나가 분노로 죽죽 끓고 있다 월급이, 승진이, 대출이 새알심처럼 점점 커나가는 불안감이 아, 저건 누구 입에 들어갈까 싶어 선한 사슴처럼 눈망울만 굴릴 때 엄마 손을 놓고 달려가던 강아지 꼬리 내 앞에서 부풀어 오른다 저어가는 말에 녹아 흐르고 퍼지는 새알 아무것도 모르는 여린 팥물이 밀려왔다가는 동안 보글거리며 올라오다 터지는 화음 내 삶 건너편 어딘가 날아오는 폭음에 마음을 데고 그래도 결국 팥죽 한 번 먹자는 말 매일 같이 포성처럼 울리는 말 당신이 내게 뱉은 속도 참 편한 저녁

안개

어머니가 불러준 나만 알던 어릴 적 이름
첫사랑 여인의 자궁 속 없는 이름
꿈꾸지 못한 어린 두릅
모두 누가 따 간 걸까

부치지 못한 노래 가사
음정 박자 무시하고 아버지가 부르던 자서전
세상 향해 들어라 지르기만 한
그러나 들리지 않은 세상 가득한 욕
이 모두 어디로 갔을까

무작정 나가 찾아보던 밤
안개가 서리서리 모여 있다

당신은 지금 야근 중입니까

누구나 한번은 타봤을 막차
언젠가는 올 거야 호출하듯 쳐다보는 시계
시간을 다독이며
막이란 말에 초침마저
막차막차 하며 지나가고

오늘 하루 철길에 누워버린 소식처럼
일상은 일어날 줄 모르는데
누렇게 변색한 아랫목의 온기 하나를 불러
귀가하는 아버지

늦은 저녁 따듯하게 데워놓은 그릇
구름 위를 건너고 싶어
구름 같은 감투밥을 담던

오늘 한 그릇 밥도 야근 중입니다

끝

끝을 입에 물었다
안에 머물러 나오지 않는 하루를 보낸다

혀를 반쯤 접어
읽지 말아야 할 오늘

그대는
부산행 밤 기차를 타고
만날 수 없는 객실 번호를 쥐고 있다

무작정 펼친 차장 사이로 김이 서리고
사라지는 건 풍경이 아닌 이야기

도착 대신 끝이란 말을 적어 본다
물방울로 맺혀 흘러내리는 끝
안부가 그렇게 멀어졌다

그 밤,
설원을 달리는 썰매처럼
뒤를 돌아보지 않고
입안에서만 머물던

눈발이 쌓여
입안 가득 끝이 고여 있다

선인장

건너편에서
내가 죽었다는 이야기가 들려왔어요
사인은 모호했지만

나는 선인장에 물을 주고 있죠
사막이란 물이 귀한 곳이라서
눈물 없는 땅이라서
못다 한 말이 가시로 자라났을지도 몰라요

멈춘 자리마다
멈출 수 없는 이유를 남기고 싶었을까요
마지막이란 말처럼 더 단단해지려
가시를 세운 거라면요

나는 발밑을 바라보는 것이 꿈이라고 했어요

내 발밑의 꿈은 지구 건너편에서
또 다른 내가 죽었단 이야기를 듣는 거죠

사인은 여전히 모호하고
나는 꿈에서 깨고 싶지 않죠

어떤 날은 심장이 가시처럼 자라기도 해요

이별은 늘 다른 별에서 온다

어제와 같은 바람의 속도로
누군가가 한 사람을 지나간다

이별이라는 걸 이 별에서 배웠다

커다란 냄비에 시간을 잔뜩 부어
하지 못한 말을 저어본다

저어보기도 전 타버린 말들

한때는 밥이라 여긴 이야기를
꼭꼭 씹어 넘겨본다

입안에 오래 머문 맛
가끔 입맛을 다시는 혀

입천장엔 당신의 이름이 눌어붙고
다른 행성의 주방에선
그 이름을 국처럼 데워주기도 한다

그곳에선 이별을 반죽해

무엇이든 만들어낸다는데
나는 그 행성을 아직 찾지 못했다

이별의 맛은 이 별에서
늘 다른 얼굴로 온다

은둔형 외톨이

 매일 저녁 내가 사는 아파트 옆 공원 둘레길을 따라 강아지 만두를 데리고 산책을 하다 보면 어제도 보고 그제도 본 사람이지만 인사 나눈 적이 없다는 이유로 짖는다 이런 단호함이라니 너의 짖음은 수직으로 떨어지는 공 같아 가끔은 나도 따라 짖어 보고 싶다

 나는 그게 마음에 들었다 인사를 나누지 않았다는 이유는 충분히 짖을만한 이유라 굳이 흔적만 남은 꼬리뼈를 잡아 세우지 않아도 되는 일이라 세상에 내가 아는 사람보다 내가 모르는 사람이 더 많은 걸 안 뒤로 무작정 친절하기 어려워졌다 만두는 왜 짖을까에 대한 생각은 차라리 두부라면 어땠을까로 이어지고 만두 속을 채운 두부의 물렁물렁함이 나를 보고 그르렁거린다

 아침에 하는 산책은 다를 거야 아내는 늘어진 나를 다시 붙잡아 내보낸다
 만두도 나도 인사를 나누지 않고 짖는 날이 많아졌다

 은둔형 외톨이가 됐다

2부

접시

접시에 손을 대보니 알겠다

나는 나대로
접시는 접시대로 담아보고자 했던 일생

접시 하나를 얻어 물을 담는다

쉽게 흘러넘치는 아픈 이야기가 들려
깊이를 모르는 길이 보인다

물빛을 담아내지 못한 접시의 깊이
미안한 마음에 테두리를 따라 손가락을 묻힌다

넘쳐버린 이야기가
내 그림자로 따라다닌걸

바닥에서 마주 보니 알겠다

노안이 왔다

노안이 오면서
자꾸만 한쪽 눈을 찡그리게 된다

한쪽을 감고 봐야 더 선명하게 보이는 일

어딘가 불안한 것 같아
머리 위로 올려지던 손

다 말하지 않아도 알게 되는 것 같아
손마디가 저려 깨어나는 밤이 잦아졌다

뭉툭한 손 마디를 볼 때마다
잘 모르는 길을 걸어 온 시간 탓을 했다

살면서 내 뒤에 조용히 따라오던
수많은 탓들이 나를 잡아 세우자

조금씩 감기는 눈으로 바라보는 오늘

어제 보다 조금 늦게 나를 만난다

나무에게 물었다

내 이름을 알려 주었지만 답은 없었다.

욕망에 나무를 흔들어도 열매는 없었다

신을 믿는 자는 신이 될 수 없다는 걸 알지 못했다

나는 붉은 피를 가진 것을 증명하듯 십자가 밑에서 잠들었다

신은 미움보다 사랑을 불신보다 믿음을 이야기했다

내 피는 십자가보다 붉어 사랑도 믿음도 잘할 수 있었는데

끊임없이 회개하는 자만 천국에 간다는 말만 들렸다

매일 잘못했다고 말했다

친구도 가족도 직장도 떠났다

신을 만나기 위해 다 잃어버린 순간이 오고

나는 나무에 내 이름을 적었다

검증되지 않거나 편향된 이야기가 많아

잘못은 했지만 회개하고 싶지 않았다

밥 한번 먹자

밥은 있는데 사람이 없어
아니, 여백이 없어
다 채워진 그림 마냥 버거워
구석진 곳에 자리 잡은 아무 말인 양

흐르는 국물에 혀를 내밀고
입술 가득 묻은 벚꽃 같은 밥알에
머리를 조아리며 수저를 들었지

매일 신에게 기도하듯
안녕, 잘 지내지
밥 한번 먹자

먹었던 밥은 기억나는데
우리의 얼굴은 어디에 두고 온 건지

식당에선 경건함에 고갤 숙이고
기도하듯 바라보는 밥그릇
거부할 수 없는 경전 같아

밥알 하나하나 헤아리며

묻고 답하는

그래,
밥 한번 먹자

집을 생각하면 배가 고파져요

집을 생각하면 배가 고파져요

뭐를 먹을까 고민해야 하는데
정작 집으로 가는 버스를 놓쳤어요
아직 시작도 못 한 사람과 헤어지는 것처럼
심심한 배고픔이에요

오늘도 생각은 기울어져 있고
같은 방향의 버스를 기다리고
기울어진 이유로 밥은 먹지 못했어요

하품을 하다 말고 눈물을 흘려봅니다
하품은 슬픈 일이 아니잖아요
모든 게 배고픈 이유일까요
아직 집에 가지 못해서일까요

모자를 쓰는 이유는 나를 보이고 싶어서죠
모자가 없다면 나는 누구도 알아보지 못할 거에요
버스는 지나칠 테고
집은 갈 수 없는 슬픔이 되고 말테죠

밝은 날에는 집 생각도
밥 생각도 나지 않는데
버스는 타고 있어요
모자 속에선 어제 감지 못한 머리카락이 흘러내려요

건성인 사람도 지성인 사람도
시장에서 한아름 장을 봐요

어제와 오늘만 있는 건 아닐 텐데
집은 왜 힘들 때 가고 싶은 걸까요

보들레르 보드카

보드카를 마셔본 적 없지만
마신 것만큼 목이 타던 날
바람의 관절을 잡아 이끌어 보고 싶다
낯선 이방인 같은 나뭇가지 하나 붙잡던 날
당신은 보들레르가 보드카라는 이름으로 읽힌다 했다
어쩜 보드카를 마신 보들레르인지도 모를 일
막차만 기다리는 정류장
왜 막차여야만 하는가 하는 말보다
내일이 마중 나와 있고
이런 날은 비가 내려
보들레르가 떠난 자리마다 보드카를 뿌려주었다
정류장에 있는 사람이 늘 같은 곳을 바라보고
빈자리가 보일 때마다 지친 발걸음이 알아서 모였다
정작 떠나는 일이 두려워 보드카를 마신 보들레르
여전히 막차를 기다리며 앉아 있다
나는 보드카를 마셔본 적 없지만
마신 것만큼 목이 타들어 간 날이 있다

클립

나를 집어 준다면
탄력 없는 오늘을 용서할 수 있을까

길을 반쯤 걷다 돌아와도 괜찮다고
제대로 만나지 못한 오후
꿈은 어둠을 식빵처럼 먹어 치우고
늘어지는 구름 사이에 끼여
방향을 잃어버려도 좋아

나는
하얀 목을 가진 당신에게
목적을 드러내 웃어보지만
돌아서 보면 물린 자국만 가득해

누군가 잡아보지 못한 하늘 사이로

오늘,

탄력 없는 나를 기억해줄까

마지막 달력을 넘기는 일

마지막 달력을 넘기는 일이란
새로 산 밥솥에 처음 밥을 하는 당신은 모르는 일

옷을 정리하다 문득 주름을 다시 잡아주는
환한 햇살이 뜨거운 눈빛으로 당신의 다리를 보고 있는 일

주름으로 굽어 내려오는 바람이 환한 이유가
내가 화난 이유는 되지 못하고

걸어놓은 달력이 가벼워지면
무게는 더 이상 시간을 더하지 않아

가벼운 호흡에도 날아가 버렸다

우리 집엔 온통 믿지 못할 것 투성이였다

냉기를 잃어버리고 밤새 윙윙거리며 우는 냉장고라던가
열리고 닫히는 순간을 그리워하던 현관문이라던가

마지막 달력을 넘기는 일처럼
마치 다음 장이 있는 것처럼

당신은 모르는 일이다

피스타치오

혼자 있는 날이 좋아

피스타치오를 꺼냈다

피스타치오는 어떻게 먹을까
말하는 순간,
어느 시골 마을 종점에서 내리는 발걸음처럼
통통 튄다
강아지도 같이 튄다

피스란 말이 너무 달콤해
입안 가득 넣고 굴려볼까
혼자 있는 순간을
연두색이라 할까
꼬리로 흥을 돋우는 강아지 하나
따라 몸을 흔드는 나 하나

이 순간을
피스타치오 하나라 하자
혼자가 되기 싫어
마지막 피스타치오를

마주 보고 있는 나와 강아지

이런, 피스타치오

문신

문을 처음 만난 날

주술의 소리가 커지듯
몸이 커나갈 때마다 짧아지는 옷 사이로
커지는 문을 보는 건 곤혹스럽다

내가 자란 걸 자랑하기 싫었다
바람의 숨통을 잡아보고 싶던 날

당신은 한 번에 새긴 날처럼 남았다

늘 당신이 있으라 하니 머물렀고
입안에서 머문 말이 굳어져
그 자리가 매일 밤 가려웠다

문을 열지 못해 궁금한 것이
모여 쌓여갔다

신앙이 되지 못해
여전히 당신이 만든 문이 보이지 않는다

오늘이 가려운 이유

누군가 물어본 적 없지만
걷는 이유는 같고
그런 이유로 나는 가려웠다

또 다른 계절이 오고
다른 사람을 만날 수 있을까

가려움은 항상 질문으로 다가왔다

떠난 사람보다 남은 날의 그림자가 짙어
티셔츠의 목덜미가 한없이 늘어지는 날

마지막이란 말보다 더 슬픈 건
빈 물통에 물을 채우는 것처럼
계절을 기다리며 늙어가는 일

당신에게 물어본 적 없지만
내 손금은 미래를 알려주지 않아
가려운 오늘을 긁을 수 없었다

나이테를 그려 넣는 밤

밤의 나이테가 모여 지구가 되었다

당신의 중얼거림이 둥그렇게 말려가면
나이테로 자란 밤은 발꿈치를 물고
발바닥은 늘 가려워 허공을 밟는다

떠나는 이야기가 많은 밤
떠나지 못하는 양 같은 이야기를 모는 목동이 된다
손의 온기가 이마로 올라오기까지
그 아득한 뒤편에서 울고 있을 양들을 기억하자

집으로 돌아가지 못한 양들
달의 뒤편에 가보지 못해
우는 걸 알지 못했다

눈을 감고 잃어버린 것을 찾다 보면
바람은 늘 뒤편에서 불고
여전히 나는 당신에게 밤이고
이 밤은 온전히 당신의 외곽
나는 그 울타리를 찾지 못한 채 머물지 못하고 흩어진다

오늘 밤 양들을 헤아리며
지구에 나이테를 하나 더 그려 넣는다

우리 동네 헬스장 주의사항

땀
누군가는 흘린다고 하고 누군가는 훔친다고 한다

흘리는 것과 훔치는 것의 사이
보이지 않는 고도의 기술이 필요하다
분명한 건 흘리지 않고도 훔칠 수 있다는 것
목적의 문에 들어서도 결과의 문은 제각각이라는 것
오늘 여기가 문전성시인 이유다

소음
귀 밖이 시끄러울수록 귀 안도 소란스러운 세계

몇몇은 간간이 터져 나오는 소리가 더 잘 들린다
방향을 잘 못 잡은 안테나에 걸려서일까
여기저기 교성인지 비음인지 몸을 쓰면서 나는 소리가 한창
화음이란 이런 거라는 듯 열심히 달려보잔 다짐에
몸보다 정신이 바짝바짝 단련되는 신앙이 지나간다

분실
놓친 것들이 문제다

열쇠와 안경 성분을 알 수 없는 약봉지
어디선가 나를 부르며 찾고 있을까
내가 놓친 것, 빨리 뛰거나 늦게 걸어서
종종 당신을 놓친 걸까
내가 보지 못한 풍경이
발밑으로 지나가는 순간
속도만큼 잃어버리는 것 사이로 당신이 온다

손은 불륜이다

나는,
나의 손은 불륜이다

경계를 서성인다
눈빛에 마음을 주고 완전하게 나를 내 주기 전
내밀어 움켜쥔 손 그렇게 생각했다
펼쳤다 움켜쥔 욕망의 길이 자국을 남겼다고

내 손에 쥐어져 버리지 못한 순간
손을 잡으려 뻗은 또 다른 손
그대의 말보다 빠르게 나를 탓할 때
조용히 내 안에 들려오는 고해성사의 기억
주머니 속에서 은밀히 만난
손은,
손금을 탐했다

보지 않고 잡는 손
금도를 걷고자 새긴 각인을 만진다
손금은 길 밖으로 나서길 두려워
손안에 숨어 있다
그러므로 손은

손금을 가두고 다른 손을 탐하고
다른 몸을 쓰다듬어 함께하자 한다

나는,
나의 손은 불륜이다

3부

긍게

그 말 한마디에
울컥했다

긍게

당신의 말이
나를 붙든다

왜라고 말하지 않아서
더 이상 말할 수 없었지만

입안 가득 동그랗게 말아 불러주는
그 따뜻함으로

오늘을 토닥여주며
내게 건넨

긍게

단풍으로 걷다

세상에 열 뻗치는 일이 어디 한둘일까
지금, 내 이마 앞까지 철 만난 단풍이 바다처럼 너울대면
언젠가 애인의 지난 편지를 읽듯
군데군데 성긴 그물 같은 바람이
나를 눕힌 채 지나간다

바람은 때때로 공식 없이 살아가는 법을 알아
나무가 뒤척일 때마다
밑줄 친 기억들이 되살아나 번지고
못다 적은 이력 한 줄 하나하나 떨어져 내렸다

누군가 시작한 기도처럼 번지는 울음 속
마음 놓아둔 자리마다 쌓여 불길로 번져갈 때
뒤늦게 막 눈 뜬 어린 단풍잎 하나
지나가는 바람의 목소리를 잡아 세워 본다

흔한 물음에도 인사하듯 답하는
상기된 발걸음이 한창이다

당신을 접다

책을 읽다 글자 하나 접는다

책과 나 사이 골이 생긴다

여기까지는 알게 된 것으로 해야할지
여기부터는 아직 알 수 없는 것으로 해야 할지

고개 숙이며 곁을 지나던 계절
당신에게 나를 접어 본다면
읽을 수 있을까

던진 말에 푸드득 새가 날아갔다

허리를 접으며 웃던 아이가
모두였던 하루
지금은 세상 모든 말이 접혀
호주머니 속 영수증처럼
심장에서 굳는다

부딪쳐 숨 쉬는 곳마다
내가 본 모든 것을 접어 두었다면

나는
어디쯤 걷고 있을까

당신과 마주한 자리
접을 수 없는 바람
한 페이지가 넘어진다

하루를 핥아보는 혀를 가지고 싶다

강아지의 뭉툭한 손이
내 이마를 지그시 누르면
나는 긴 호흡으로 너를 부르지

내 이마와 너의 손과 발 그 어디쯤이 만나
바라보는 세상엔 평화가 보이지

나도 누군가를 혀로,
긴 혀로 핥아주고 싶다
그게 이마라면 더 좋겠다고
윤기 나는 털을 고르고 싶은 오후라고

너의 발을 붙잡고
내 볼을 툭툭 쳐보다가
살짝 물어봐도 돼?
혼잣말하는 나를 말없이 핥아

보잘것없는 내 손가락 사이
너의 긴 혀가 감싼다

너의 말을 몰라

손짓으로 사랑한다는 말을 그렸다
내 팔을 내밀어 이마에 얹고
하루를 핥아보는 혀를 가지고 싶다

누구도 묻지 않는 말

누구도 묻지 않는 말을 답하고 싶어

오래된 물음이란 말라버린 물줄기 같아
걷다가 멈춰 서 바라보는 밤하늘 같아

별자리를 모르는 사람은 선인장처럼 서 있고
선인장은 욕심이 많아서 가시 돋쳐있는 거라고

사막에, 오아시스에 우리가 함께라면
멋진 야자나무 밑에서 서로 사진도 찍어주고
함께 찍기도 했겠지
그래서 뭐

언젠가 당신에게
"내 첫사랑은 당신이었어요"라고 할 때
그 순간처럼 뭐

푸석푸석하게 남아 바래가는 몇 장의 사진 속
만난 것 같은

오래된 물음일수록

누구도 묻지 않을수록
필름 없이 인화된 사진 같아

잃어버릴까 봐
한 번도 꺼내 보지 않은,

당신

군산역

온몸 가득한 문신이 거친 숨소리를 내며 달리던 밤

타지에서 고향을 찾아가는 길 위로 가로등 불이 켜지고
이렇게 늦은 밤 객지 밥을 먹듯 허겁지겁 가는 길

길은 늘 긴 빨대 같아서 들어가도 하염없이 사라지곤 했다

젓가락 하나를 들고 세상을 향해 내 던지듯 탄 기차
두드리며 맞추는 장단처럼
들리던 역마다 어긋난 파도 소리가 밀려왔다 밀려갔다

의자 사이로 처음으로 왔다 간다는 말을 적어 보냈다

소식은 처음 가본 길인 양 느린 내 발뒤꿈치를 따라오고
돌아오지 않는 인사를 기다린 채 서성이던 눈발
서걱거리는 소리로 쌓여갈 때

마중 나온 당신이 낡은 의자에 앉아있다

당신이 눈 밖에 서 있다

눈이 무릎까지 쌓였다
눈은 푹푹 거리며 꺼지는 일만 하고
내리는 세월이 수상해
쌓이는 눈에 시선을 두고
세상을 말하고 있다

내가 눈을 뭉쳐보지 않으면
눈은 저마다의 자리에서 쌓여
눈 속에 담긴 이야기가 반짝일 때
담아두지 않으면 사라지는 것에
눈길을 주지 말자 다짐한다

눈은 길을 만들 줄 모르고
덮고 지우는 것에만 열중인 사이
나는 쌓이고 쌓이는 것의 무게를 생각한다

세월이 하 수상하다고
지우고 싶은 기억을 세어보고
그렇게 여전히 눈은 내리고
당신을 말하는 사람은 나 뿐이다

분리불안

마음을 판 돈 삼아 한 시절 놀던 계절이 저물고
탕진한 육신을 이끌고 걸어가는 저녁

붉다 못해 검은, 노을 끝을 손으로 눌러본다

뜨겁게 불붙어 타오르다 어느 시절 버려진 입술로 번져
몰려가는 곳마다 또 다른 계절이 잠들어 있을지도 몰라

이 판에 호구는 나만 모르고
웃음과 발걸음 소리 넘쳐나는 기억의 **뼈**를 맞춰
무너지지 않을 비석을 뉘어본다

이른 아침 찬물로 헹궈보는 발목이
시큰해질 때마다
뿌리를 모르고 먹던 한 끼가 그리웠다

두고 온 것들은 안착하지 못하고
튀어나온 걸음 하나하나가 아득해지는 순간
오래된 이름표를 찾아 달고 휘파람을 부른다

소리에 맞춰 당신의 발걸음이 멀어져갈수록

내 입술도 더불어 따라가고 있다

선유도 가는 길

사람 사이 줄을 치고 사는 일이 많다면
선유도에 가보라고

마루에 올라 달빛에 풀어놓은 말차처럼
입안에서 동그랗게 말려 밀려가다 보면

걷다가 힘들어 내려놓은 말이 얼마나 많을지
여기, 선유도에선 매일 못다 한 말이 모여 바람을 부른다지

부딪쳐 오는 바람은 미처 적지 못한 생각에 줄을 긋고
넘어가지 못하는 일에 금을 긋지 말라고

그래, 여기 선유도 바람길에선
혼잣말도 바다 전체가 들어 준다고
당신이 선유도에 발을 딛는 건
조용히 줄을 치고 살고 싶다는 걸

바람이 열심히 몸을 뒤집는다

선유도가 말없이 붉다

금강 하구

무심하게 들렀어 어쩌면 일부러 온 건지도 모르겠고, 어떻게 왔는지는 중요한 게 아닐까 뭘 하다 이제 왔느냐고 바람이 툭 툭 치며 물어봐도 끝이란 생각이 혀에 머물러 하구니까

금강 하구, 하구. 바람의 물음에 말보다 먼저 나온 입술이 마음에 안 들어

떠나고 싶어서 떠난 사람은 많지 않아 더구나 끝이라니 왕년엔 세상의 끝에서 사랑도 외쳐보고 다들 그랬잖아 지금은 입심 좋은 당신도 밥심이 제일이라던 당신의 당신도 결국 여기 금강 하구에서 만나

갈 데까지 가보자는 말엔 가고 싶지 않다는 발걸음이 모여 있다고 그 많은 당신은 어디에 쌓여 있을까 살다 보면 하구에서 만날까 쌓인 것이 많아 하구니까 겹치다 보면 한 몸처럼 보일지도 몰라 지금 보니 가다가 문득 들렸다는 입술도 툭 튀어나와 있는데

우린 언제나 금강, 하구에서 만나

매미

너는 절절히 말하고
나는 그냥 운다

너의 절절함과
나의 울음 사이
걸려 넘어갈 수 없는 오후

시끄럽다고 하기엔
그 곡진한 이야기에 걸려
물에 말은 밥 한 공기 건네주고 싶다

끊어질 듯 이어지는
어느 신앙이 이리 절절할까 싶어
공손하게 쥐어보는
밥 한 그릇

눈물로 비벼보는
그릇 안

너와 내가
숲을 이룬다

나는 첫눈입니까

연잎이 모아 놓은 빗방울을 기내
내 안에 한없이 기울어지는 그대를 만났죠

스쳐 지날 때마다
희미한 눈빛으로 더듬어 보며
부질없는 것에 대해 생각했습니다

수시로 모르고 지나친 일을 어쩌지 못해
낱낱이 드러나는 민낯을 이겨내지 못한 오늘

생각날 듯 말 듯 생각나지 않아
지나쳐 버린 그대에게 편지도 써 봅니다

추워지는 기억에 흩날리는 이야기를 앞을 두고
누구는 이게 첫눈이라 하고
누구는 첫눈 아니라며
다시 한번 더듬더듬 적어보는 안부

그대에게 한없이 기대는
나는 첫눈입니까

연꽃

당신은 세상의 귀였다

새들이 떠나며 남긴 파문을 전하는 일 그래서 비가 왔다

소리를 전하는 일이란 창 하나 없이도 가능한 일

사선으로 내린 생각은 잔물결로 멈춘다

햇살의 무게만큼 끓어오르는 손짓

감당할 만큼의 무게로 매달려 쓰러지지 않는 법을 배우는 하루

지금, 한 세상이 다른 세상 하나를 받드는 계절이 피어난다

4부

오목과 볼록 사이

너는 너무 나대는 것 같아
오목보다는 볼록이 좋아

너의 시는 정말 나대고 싶은지
서정 가득한 말이 당신의 목젖에 걸려
울컥거리며 사정한다

혼자 내리는 눈은 바닥에 닿아야
비로소 함께일 수 있다는 걸 알고 싶은 밤

그런 밤이든 그런 눈이든
오목한 질그릇을 받쳐 잘 담아볼 수 있다면
서사 가득한 볼록과 서정 가득한 오목은
조금 덜 무서울 거야

신이 시인이란 증거는
당신이란 오목에 나란 볼록을 만들어
만나게 한 오늘이 있기 때문이라고

뜨거운 서정이 우윳빛 서사로 흐르는
오목에 다 담아보고 싶은 볼록한 것 사이로

함께 뭉쳐 내리는
눈을 볼 수 있을 거야

파도가 당신에게

바라보고 있으면 손을 흔들어 줄 거야

배웅하는 연습을 하기 좋은 여기에서
잘 가라고 무심한 척 툭툭 던지는 거품이 얄미워
뭐 그렇게 거품 물고 말하지 않아도 되는데
당신 향기는 물빛을 잃은 거라고 따져 물을 거야

떠나기까지 절벽 사이 석부작처럼 붙어 있었어
집착한다는 건 큰 공을 굴려 작은 구멍에 넣는 일 같아
매번 내가 너를 덮어 지나쳐 버린다는 걸
사실, 이런 마음은 극단적이라고
쓰고 지우는 일 따위야, 당신은 당당히 목을 내밀고 있어

밤이 되면 더 이상 흔들던 손은 보이지 않지만
햇살이 거둔 숨결이 돌아오진 않지만
내일의 당신은 여전히 작은 구멍들을 지나치고 있을 거야
큰 공을 굴리던 손끝 마디마다 굳어지던 기억을 펼쳐
우리 마주 보고 손을 흔들어 주는 것도 좋아

가로등

그 시간 그 자리
같은 말만 되풀이하더라도

그대 보내고
다시 다가오던 길에서
밤을 새워 지켜주던
뜨거운 약속

멈출 수 없는
이 밤

사랑 이야기

당신에게 기울어진 장미꽃을 본 적이 있다

한여름에 만난 당신을 다른 계절이 오기 전에 잃었다

얼어버린 숲을 지나간 기억이 없는데
내 손 가득 한 눈

너는 사랑했던 마음이 추울까
깊은 잠을 잔다고 했다

사랑이 변하면 가시가 된다는 너의 말
가시 끝을 만드는 건 나의 말

고대 페르시아 벽화에 그려진 장미
더듬더듬 만지며 너를 읽는다

누군가를 사랑한다는 건 가시관을 쓰는 일
그런 이유로 나는 아직 신의 사랑을 모른다

가시관의 틈 사이로 피어난 장미가
태양의 색을 닮을수록
천국이 추웠으면 좋겠다고 기도했다

내 손 가득한 눈을 모아
당신에게 던져 본다

뜨거운 햇살에 멀미가 난 적이 있다면
환한 꽃으로 다가온 일도 있다는 걸

당신에게 기울어진 장미꽃을 본 적이 있다

몸살

잘해 왔다고
꼭 해야만 하는 건 아니라고

요 며칠
몸이 내게 내린

나는
이틀째
집행유예 중

삼류시인 서정유객抒情幽客 홍 씨

 제자야, 이제 와 하는 이야기지만 나는 삼류다 왜 삼류인고 하니 첫째가 하나의 필법만 가져 모래사장에 뿌려놓은 모래알보다 많고 창천보다 더 푸르게 넓다는 강호의 수많은 필법을 상대할 수 없다는 것이요 둘째가 그 하나의 필법이라는 것도 지금은 아무도 익히지 않는, 식은 죽처럼 굳어가는 것이요 마지막으로는 식은 죽 같은 이놈의 필법조차 제대로 익히지 못한 것이 아닌가 하는 걱정 때문이다 내 사부는 일찍이 자연을 사랑한 내공으로 글에서 울림이 나지 않으면 강호에 출사하지 말라 했지만 정작 내가 사자후를 터뜨리며 출사표를 던지자 일류라 칭해지던 이들은 모두 자연을 떠나버렸다 그날 이후 알 수 없는 세계에 떨어진 것 같아 저잣거리 객점에서 싸구려 화주로 목을 축이며 어디에도 끼지 못하고 다시 삼류로 남게 되었다 제자야, 이것이 내가 삼류시인 서정유객抒情幽客이란 이름으로 강호에 출사하기까지의 이야기니라

구곡간장九曲肝腸 부산 새댁 탁 씨

 밤새 찾아다니며 마신 이슬이 과했나요 심사心思가 불편한 남편은 자꾸만 길을 잃고 엉뚱한 집으로 뛰어 들어가고요 얼마나 마셨는지 제집 번지 하나 바로 찾지 못하는 한심한 남편, 아내는 원수가 따로 없다며 성긴 조리 같은 손바닥으로 냅다 등짝을 때리는데요 그래도 할 말은 해야지 각박한 세상 사해四海가 동도同道라고

 갈지자로 내지르는 목소리엔 비틀거리는 강단도 살짝 보이는데요 저 화상은 낮이고 밤이고 말만 잘하지 나비눈인 아내에게 윗집 아주머니는 새댁이 참아요 사내들이란 매양 그렇지 뭐 그래도 그때가 좋은 거야 속 모를 소리 하며 웃습니다

 이 밤, 하늘은 이 집 저 집 기웃거리느라 반짝이는 눈빛이 더없이 초롱초롱하고요 횡설수설 갈매기는 제집 찾느라 분주하고요 제 분을 못 이긴 바다만 뒤척뒤척 밤잠을 못 이룹니다

택배기사 월하유운月下流雲 서 씨

 성실과 인내의 가훈을 품고 우리의 서 씨 강호에 출두했다 강호 인물전에 불세출의 영웅은 아니어도 협객 정도는 되길 바랐으나 출두한 강호는 온갖 병장기가 판치고 무형의 독들이 무차별로 뿌려지는 암투가 난무한 세상

 오대세가五代世家가 아닌 서 씨 건당 다섯 냥에 목숨을 거는 시간제 고용 표사 두 발로 세상을 구하고 협과 의를 행하라던 가문의 비전절기는 소면 한 그릇에 팔려 간 지 오래 오로지 빠른 발과 신용으로 오늘도 무사히 구호만 가슴에 새겼다

 하루하루 달빛 따라 일하며 구름같이 흘러갔다고 전해지는 택배기사 월하유운月下流雲 서 씨 지금은 어디에서 살고 있을까

자서전

당신의 마음에 일어난 잔불이 큰불이 되려면
내 안에서 불어온 바람이 필요하다고

바람을 다루는 법을 배우기 위해
멀리 떠난 사람의 자서전을 읽었다

자서전 어디에서도 떠난 이유는
바람이라고 말하지 않았지만
그날 밤

아주 먼 곳에서 불어온 바람이
아주 더 먼 곳으로 가고 싶은 마음에 닿았다

당신의 마음에 일어난 잔불이 큰불이 되려면
내 안에서 머무는 일이 없어야 한다고

나는 아직 바람을 다루지 못했고
그런 이유로 어디로도 떠나지 못했다

아직 그 사람의 자서전은 다 읽지 못했지만
사이사이 접어 논 글자들 펼쳐 보다 보면

그 사람과 내가 꾸던 꿈이
큰불을 만나 바람으로 타오른다

귀향

  버스를 타고 최남단 바닷가 마을에 갔다 더 이상 떠나갈 수 없는 곳 위험과 안전이라는 경고문을 앞에 두고 옆으로만 따라 걷는 이렇게 가는 길은 낯설었다 길이 아닌 것 같아 앞이 아니면 모두 뒤로 가는 것 같아 흘린 말이 모여 점멸등처럼 통통거리며 다가왔다

  바람이 불 때마다 부러지지 않을 만큼의 기울기를 계산하던 나무는 사람이 남긴 간판에 기대며 보챘다 떠나지 못해 붙잡힌 마음 슬픔은 늘 어디선가 나타나 뭉쳐 다녔다

  수평이 무너진 마음 따라 나도 어디론가 내려앉고 떠난 집의 온기를 찾을 수 없어
  주머니에 넣어 둔 손이 저렸다 버스는 다시 떠날 시간이 되고 가만히 앉아 있는 내게 반쯤 남은 표를 건네주며 '춥지요'라고 말하던 사람이 생각나 습관인 듯 코 밑을 훔쳤다

  반만 남은 표를 가지고 떠나지 않아 멈춰 선 사내가 있다

비린 숨을 쉬다

비릿함이 내 몸을 더듬는다
우리는 처음
몸 전체가 혀였다가
혀는 곧 아가미로 바뀌지
숨을 쉬다가
문득 든 생각은 숨은 왜 이리 비린 건지
바닥에서 올라온 것은 모두 비린 삶
비리고 버린 삶 어딘가에서 전하고 싶은
말이 모여 이렇게 슬프게도 천천히 내게 온다
그런 날은 오래 잠겨 있는 세상에서 살고
흐르는 쪽이 아닌 흘러가는 곳에서 살고
머리와 꼬리 그 어디라도 좋아
비 오는 날에 땅만 보고 가도 좋아
떠나기 좋은 날이잖아
그러다가 다시 혀가 아가미가 내가
비 때문에 잠겨
세상이 온통 우와 거리며 내리는 그런 날에 잠겨
결국 나도 멈추어 선다는 걸
그 순간엔 알지 못했지

백내장

처음 들었을 때 순대 속 당면이 떠올랐지

하나하나 뽑아내고 싶어
무엇이 남는지 확실하게 보고 싶어
궁금해지는 오후
꺼진 도로 같이 무너지는 하루
빈 구멍을 채우려 길을 나섰지

한순간에 사라진 걸까
밑바닥 가득 쌓인 생각
매몰차게 메워보고 싶어
보이지 않는다는 건
더 이상 메울
틈이 없다는 것

보이지 않는 것은 이유가 궁금하지

오늘도 순백의 비들이 쏟아져 내리는 거리
한여름 장대비를 타고 넘나드는 거기
다 담지 못해 궁금한 그대를 만나지

시간의 가시가 내 눈에 박혀
보지 못한 이야기가 또 지나가지

쿠릴열도의 영태를 찾아서

  비 오는 저녁 황태를 굽다 명태라 불리던 친구가 보고 싶어졌다 날 것을 잡아 가두던 손맛을 잊지 못하던 새벽 명태는 솟아오른 파도의 굽어지는 등 속으로 걸어갔다

  펄떡이는 것, 날 것들이 숙성되는 계절이 한창인 지금은 떠나기 좋은 계절 한껏 치켜세우던 지느러미도 둥글어져 간다 한때는 목청 높이던 파도의 목젖 위에 두고 온 이름이 거품처럼 터져 나온다 쿠릴의 혹독한 바람 속에서 터져 내린 파도라는 이름의 울음 냉기 풀풀 날리며 굴곡진 문장을 삼킨 속살의 명태 바다를 수없이 당겨보았을 굵은 힘줄 사이 북태평양 이끌고 온 영태가 오늘을 하역한다

퇴근길

비가 오고
길엔
젖은 낙엽이 붙어 있다

까슬한 마른 낙엽이라면
엄두도 못 내었을

젖어 있다는 건
나를 온전히
바닥에 내주는 일
그러므로
기꺼이 바닥이 되는 일

고개를 세우지 않아도
바닥이 되어도 좋을

퇴근길

■해설

'입'에서 '귀'에 이르는 길
— 홍철기 시인의 두 번째 시집 읽기

황치복(문학평론가)

1. '끝'이라는 이미지의 울림

　홍철기 시인의 『파프리카를 먹는 카프카』(시산맥, 2020)에 이은 두 번째 시집이다. 한 권의 시집은 집필 당시의 시인의 삶과 사유를 반영하는 거울과 같은 것이기에 그것을 읽으면 시인의 독특한 삶의 단편들을 읽어낼 수 있는 것은 당연한 일이다. 따라서 한 권의 시집이 한 편의 드라마와 같아서 어떤 극적인 서사 구조를 지니고 있으며, 어떤 시적 진화와 같은 사유의 성숙을 보여주는 것은 시인의 성실한 삶과 시작의 진정성을 대변해주는 현상일 것이다. 홍철기 시인은 이미 첫 번째 시집에서 유랑을 향한 탈주의 지향들이 어떤 지점을 향해 수렴되었는데, 그것은 곧 개체적 사랑의 한계를 넘어서 공동체적 삶의 온기, 혹은 환대와 관용이라는 공감(Sympathy)의 시학에 도달하고 있었다. 우리는 이러한 현상을 시적 진화의 한 장면으로 해석할 수 있다.

이번 시집에서도 시인은 다양한 방황과 일탈의 경험을 통해서 어떤 가치에 도달하고 있는데, 이러한 현상도 또한 하나의 시적 진화이자 극적 드라마와 같은 현상으로 읽힌다. 시인이 온몸을 부딪쳐 삶과 세계에 대해서 탐구하고, 그러한 결과로써 온갖 상처와 흔적을 통해서 내적 성숙에 도달하는 장면은 분명 시적 사유의 발효와 성숙의 한 장면으로 이해되기 때문이다. 물론 이러한 현상은 시인이 시와 삶에 대해서 얼마나 애착을 가지고 있으며, 또한 진지하게 그러한 세계에 대해서 접근하고 있는지를 실증해 주는 장면이기도 할 것이다.

이번 시집에서 가장 주목되는 두 장면은 '끝'이라는 이미지에 대한 경사와 '말'에 대한 집착이라고 할 만하다. '끝'의 이미지에 대한 경사는 엉뚱하고 새삼스러운 일이어서 조금 당혹스럽기도 한 현상인데, 여러 시편에서 시인은 '끝'이 지닌 다양한 울림에 대해서 주목한다. 또한 '말'에 대한 이미지는 어떤 응어리진 상황이라든가 결핍된 심정 등을 상정하는데, 이러한 부정적 상황에 대한 극복이 시적 과제가 되며, 그러한 과정의 결말에서 새로운 사유의 성숙이 발현된다. 사정이 이러하기에 홍철기 시인의 두 번째 시집은 하나의 내면적 갈등의 파문을 고스란히 보여주고 있는 한 편의 정신적 드라마라고 할 수 있을 것이다. 그 매혹적인 드라마 속으로 들어가 보자.

끝을 입에 물었다
안에 머물러 나오지 않는 하루를 보낸다

혀를 반쯤 접어
읽지 말아야 할 오늘

그대는
부산행 밤 기차를 타고
만날 수 없는 객실 번호를 쥐고 있다

무작정 펼친 차창 사이로 김이 서리고
사라지는 건 풍경이 아닌 이야기

도착 대신 끝이란 말을 적어 본다
물방울로 맺혀 흘러내리는 끝
안부가 그렇게 멀어졌다

그 밤,
설원을 달리는 썰매처럼
뒤를 돌아보지 않고
입안에서만 머물던
눈발이 쌓여
입안 가득 끝이 고여 있다

―「끝」전문

  끝에 대한 사전적 정의는 매우 다양해서 시간, 공간, 사물 따위에서 더 이상 이어지지 않는 지점이나 부분, 혹은 마지막 한계가 되는 곳을 지칭하기도 하고 어떤 행동이나 현상, 혹은 시기가 멈추는 순간을 의미하기도 한다. 그것은 종결 혹은 종말, 그리고 귀결 혹은 결과라든가 극단과 같은 기호들과 친연성을 지닌다. 그러니까 끝이란 어떤 국면의 마지막으로서 더이상 지속이나 진전의 상태가 생성되지 않고 멈춘다는 의미를 지니고 있는 셈이다. 시인이 "도착 대신 끝이란 말을 적어 본다"라고 하는 것은 목적지에 도달해서 다른 사건이 연속될 것이라는 기대를 남기기보다는 어떤 사태가 종결 지점에 도달해서 멈추었다는 것을 강조하고 싶은 것이다.

시인이 주목하는 끝의 영역은 매우 다양한데, "끝을 입에 물었다/ 안에 머물러 나오지 않는 하루를 보낸다"라는 대목을 보면 끝이 시간과 관련되어 있으며, 시의 마지막 부분, 즉 "입안에서만 머물던/ 눈발이 쌓여/ 입안 가득 끝이 고여 있다"라는 대목을 보면, 그것은 곧 달리던 "설원"의 끝으로서 공간적인 차원의 극단과 연결되어 있다. 주목되는 점은 시인이 끝을 강조하면서 유독 "끝을 입에 물었다"라거나 "입안 가득 끝이 고여 있다"라고 하면서 '입'을 강조하고 있는 대목이다. 물론 시인이 '입'을 강조한 것은 언어에 대한 경사와 강조를 보여주는 대목이거니와 "도착 대신 끝이란 말을 적어 본다"는 대목에서 끝은 '적는 것'으로 이해되고 있으며, "사라지는 건 풍경이 아닌 이야기"라는 대목에서도 끝은 실체의 소멸이 아니라 어떤 언어적 표현물의 상실과 관련되어 있음을 암시한다. 이러한 사실은 "혀를 반쯤 접어/ 읽지 말아야 할 오늘"이라는 대목에서도 관찰할 수 있는데, 하루는 살아가는 것이 아니라 언어적 텍스트로서 읽어야 할 대상으로 간주되는 것이다.

끝이라는 시인의 관심사가 언어적 현상과 관련되어 있다는 것은 그것이 실제로 발생한 사건에 초점이 있기보다는 시인의 내면적 결단이나 의지와 관련되어 있음을 시사한다. 시인은 지금까지 지속되어 온 사건이나 사태의 종결을 결단하는 결연한 의지를 불태우고 있는 셈인데, "도착 대신 끝이란 말을 적어 본다"는 대목이 그러한 사실을 분명히 해준다. 시인이 기존 현상의 종결과 단절을 바라는 것은 시인을 둘러싸고 있는 삶의 조건과 환경에 대한 부정적인 인식 때문일 것이다. 시인은 첫 번째 시집에서 이러한 부정적 현실을 인정할 수 없고 그것을 타개하기 위해서 유랑의 길을 선택했는데, 여기서는 과감한 절연과 단절을 꾀하고 있는 셈이다. 이러한 메커니즘을 다음 시가 잘 보여준다.

> 건너편에서
> 내가 죽었다는 이야기가 들려왔어요
> 사인은 모호했지만
>
> 나는 선인장에 물을 주고 있죠
> 사막이란 물이 귀한 곳이라서
> 눈물 없는 땅이라서

못다 한 말이 가시로 자라났을지도 몰라요

멈춘 자리마다
멈출 수 없는 이유를 남기고 싶었을까요
마지막이란 말처럼 더 단단해지려
가시를 세운 거라면요

나는 발밑을 바라보는 것이 꿈이라고 했어요

내 발밑의 꿈은 지구 건너편에서
또 다른 내가 죽었단 이야기를 듣는 거죠

사인은 여전히 모호하고
나는 꿈에서 깨고 싶지 않죠

어떤 날은 심장이 가시처럼 자라기도 해요
―「선인장」 전문

　선인장이 자라는 사막을 배경으로 해서 펼쳐지는 시적 공간에서 가장 주목되는 점은 죽음 충동이라고 할 수 있다. "건너편에서/ 내가 죽었다는 이야기가 들려왔어요"라든가 "내 발밑의 꿈은 지구 건너편에서/ 또 다른 내가 죽었단 이야기를 듣는 거죠"라고 하면서 자신의 죽음에 대한 강한 열망을 표출하고 있다는 것이다. 시인이 이토록 죽음에 대한 열망을 지니게 된 것은 물론 시인이 발 딛고 있는 지금-여기의 현실이 녹록하지 않기 때문일 것인데, 그러한 현실이 바로 사막이라는 배경 설정을 통해서 드러나고 있는 셈이다.

시인이 발 딛고 있는 현실이 사막이라면, 거기에 서식하는 선인장은 시인의 분신이거나 대변자라고 할 수 있다. 사막은 "물이 귀한 곳"이고 "눈물 없는 땅이라"는 점에서 식물이 서식할 수 없는 메마른 곳이며, 정서적인 고갈이 극한에 이르러 '가시'만 자랄 수 있는 곳인지도 모른다. 그래서 시인은 "눈물 없는 땅이라서/ 못다 한 말이 가시로 자라났을지도 몰라요"라고 토로하기도 하고, "마지막이란 말처럼 더 단단해지려/ 가시를 세운 거라면요"라고 항변하면서 극단에 이른 존재의 양태와 그 내면적 결의를 시사하고 있다. 상황이 이러하기에 피안에 대한 꿈을 간직하는 것은 지극히 당연한 수순일 터인데, "나는 발밑을 바라보는 것이 꿈이라고 했어요"라는 구절이 그와 같은 대안에 대한 소망을 시사해 준다. 그런데 그 꿈이라는 것이 죽음이라는 점에서 충격적이다. 시인이 명시적으로 "내 발밑의 꿈은 지구 건너편에서/ 또 다른 내가 죽었단 이야기를 듣는 거죠"라고 하면서 자아의 죽음을 소망하는데, 이때의 죽음이란 곧 앞서 우리가 강조했던 '끝'의 다른 이름일 것이다.

시적 배경이 되고 있는 사막도 유랑의 종착지로서 '멈춘 자리'라고 할 수 있으며, 그러한 점에서 끝이기도 한 셈이다. 시인은 이러한 생의 공간의 끝에 와서 현실적 자아의 몰각을 꿈꾸고 있는 셈인데, 당연한 논리적 귀결로서 그것은 새로운 삶의 지평에 대한 지향에서 추동될 것이다. 시인이 "마지막이란 말보다 더 슬픈 건/ 빈 물통에 물을 채우는 것처럼/ 계절을 기다리며 늙어가는 일"(「오늘이 가려운 이유」)이라고 하면서 타성에 젖어서 시간을 탕진하는 것보다 '마지막이란 말'을 더 선호하는 것도 그러한 이유 때문이다. 이러한 장면에서 우리는 '끝', 혹은 '마지막'이 영원한 종결이 아니라 새로운 가능성의 시작임을 짐작할 수 있는데, "막차만 기다리는 정류장/ 왜 막차여야만 하는가 하는 말보다/ 내일이 마중 나와 있고"(「보들레르 보드카」)라든가 "마지막 달력을 넘기는 일처럼/ 마치 다음 장이 있는 것처럼// 당신은 모르는 일이다"(「마지막 달력을 넘기는 일」)라는 대목에서 시인이 마지막을 새로운 시작의 기점으로 상정하는 장면들을 확인할 수 있다. 하지만 '끝', 혹은 '마지막'이 중요한 이유는 새로운 만남의 가능성 때문이기도 하다.

> 무심하게 들었어 어쩌면 일부러 온 건지도 모르겠고, 어떻게 왔는지는 중요한 게 아닐까 뭘 하다 이제 왔느냐고 바람이 툭툭 치며 물어봐도 끝이란 생각이 혀에 머물러 하구니까
>
> 금강 하구, 하구. 바람의 물음에 말보다 먼저 나온 입술이 마음에 안 들어
>
> 떠나고 싶어서 떠난 사람은 많지 않아 더구나 끝이라니 왕년엔 세상의 끝에서 사랑도 외쳐보고 다들 그랬잖아 지금은 입심 좋은 당신도 밥심이 제일이라던 당신의 당신도 결국 여기 금강 하구에서 만나

갈 데까지 가보자는 말엔 가고 싶지 않다는 발걸음이 모여 있다고 그 많은 당신은 어디에 쌓여 있을까 살다 보면 하구에서 만날까 쌓인 것이 많아 하구니까 겹치다 보면 한 몸처럼 보일지도 몰라 지금 보니 가다가 문득 들렀다는 입술도 툭 튀어나와 있는데

우린 언제나 금강, 하구에서 만나
—「금강 하구」, 전문

하구는 강물이 바다로 흘러 들어가는 어귀를 지칭하는데, 강물이 바다와 만난다는 점에서 다양한 층위의 의미가 생성된다. 그러니까 하구는 강물이 담수로서의 일생을 마치는 종결점이라고 할 수 있기에 '끝'이라고 할 수 있지만 바다의 해수를 만나 새로운 생성과 흐름을 만들어낸다는 점에서 '시작'이라고 할 수 있다. 하구는 하천의 입□이기도 하다는 점에서 그것은 새로운 지평을 향하는 하나의 문이 되기도 하는 것이다. 또한 하구에는 바다로부터 조석, 파랑, 해수가 유입되며, 동시에 하천으로부터 공급되는 암석이나 모래, 진흙이 퇴적해 삼각주나 갯벌, 모래톱이 형성된다. 그러니까 하구는 "겹치"는 공간이기도 하고, 만남의 장소이기도 한 셈이다.

시인도 하구의 이러한 특성을 염두에 두고 있기에 "끝이란 생각이 혀에 머물러 하구니까"라고 하면서 하구가 하나의 흐름을 종결시키는 '끝'이라는 생각을 확인하면서도

"지금은 입심도 좋은 당신도 밥심이 제일이라던 당신의 당신도 결국 여기 금강 하구에서 만나"라고 하면서 하구가 종국의 공간이자 만남의 장소라는 것을 강조한다. 그리고 "살다 보면 하구에서 만날까 쌓인 것이 많아 하구니까 겹치다 보면 한 몸처럼 보일지도 몰라"라고 하면서 하구가 민물과 바닷물이 만나 서로 겹치는 영역을 생성하듯이 하구에서의 만남은 '한 몸'과 같은 변화를 야기할 수 있음을 암시한다. 하구에서 겹쳐서 한 몸이 된다는 것은 이질적인 것들의 '스미는' 작용을 전제한다. 그런데 뒤에서 살펴보겠지만, 시인에게 스민다는 것은 곧 사랑한다는 것을 의미한다.

이러한 대목에 오면 시인이 이 시집에서 왜 끝을 그토록 강조하고 있는지를 짐작할 수 있지만, 어떻게 끝이 새로운 생성과 만남의 가능성으로 작용하는 것일까? 시적 맥락에서 보면, "떠나고 싶"지 않지만 굳이 떠났기 때문이며, "갈 데까지 가보"기 싫은데도 불구하고 갈 데까지 가보았기 때문이다. 이 말은 곧 앞서 분석한 시작품처럼 "또 다른 내가" 죽었기 때문이기도 한데, 갈 데까지 가서 끝에 도달하는 것은 우화등선羽化登仙과 같은 존재의 새로운 변화를 야기하는 것이기 때문이다. 하천은 갈 데까지 갔기에 새로운 바닷물을 만날 수 있었으며, 끝까지 갔기에 거기에서 완결된 형태의 삶의 형식을 쌓아놓을 수 있었던 것이다. 하구가 퇴적물의 집적으로 영양분이 풍부한 환경을 제공하고 그래서 사람들이 모여 항구를 이루면서 경제활동의 중심지를 이루는 것처럼 끝에 도달한 사람들은 언제나 퇴적된 삶의 집적물을 이용하여 갱신의 삶을 이끌게 되고, 그러한 사람들의 진정한 만남이 이루어질 수 있는 계기가 제공되는 것이다. 시인이 '끝'에 집착하고 매달리는 이유를 분명히 알 수 있다.

2. 다 하지 못한 '말'이 도달하는 곳

그런데 '끝' 만큼이나 시인의 상상력을 사로잡고 있는 대상이 '말'이라고 할 수 있다. 앞서 분석한 작품들에서도 "도착 대신 끝이란 말을 적어 본다"(「끝」), "마지막이란 말처럼 더 단단해지려/ 가시를 세운 거라면요"(「선인장」) "끝이란 생각이 혀에 머물러 하구니까"(「금강 하구」) 등의 구절들에서 확인할 수 있듯이, 끝에 대한 상념은 항상 언어와 관련되어 제시되었다. 이러한 현상에 대해서는 결단과 의지의 내면적 충동으로 해석한 바 있지만, '말'에 대한 강박관념은 다양한 시편에서 편재하는 현상이기도 하다. '말'에 대해서 시인이 그토록 집중하는 원인과 의미에 대해서 점검해 보자.

어제와 같은 바람의 속도로
누군가가 한 사람을 지나간다

이별이라는 걸 이 별에서 배웠다

커다란 냄비에 시간을 잔뜩 부어

하지 못한 말을 저어본다

저어보기도 전 타버린 말들

한때는 밥이라 여긴 이야기를
꼭꼭 씹어 넘겨본다

입안에 오래 머문 맛
가끔 입맛을 다시는 혀

입천장엔 당신의 이름이 눌어붙고
다른 행성의 주방에선
그 이름을 국처럼 데워주기도 한다

그곳에선 이별을 반죽해
무엇이든 만들어낸다는데
나는 그 행성을 아직 찾지 못했다

이별의 맛은 이 별에서
늘 다른 얼굴로 온다
　　　　　　—「이별은 늘 다른 별에서 온다」 전문

 이 시는 이별을 노래하고 있지만, 그 내막을 들여다보면 오히려 이별 후의 감회가 응축되어 있는 '말'이야말로 진정한 주제가 아닐까 싶다. 하지만 어쨌든 '말'이라고 하는 우리의 관심사가 '이별'과 연관되어 논의되고 있다는 점에서 그것은 상실이라든가 결핍과 관련되어 있음을 짐작할 수 있다. 가장 대표적인 장면이 "커다란 냄비에 시간을 잔뜩 부어/ 하지 못한 말을 저어본다// 저어보기도 전 타버린 말들"이는 표현인데, 시인에게 대부분 말들은 '하지 못한 말'의 성격을 지니고 있으며, 그러하기에 그것은 '회한悔恨'의 정동과 연관되어 있다.

　이 시에서도 "한 때 밥이라 여긴 이야기를/ 꼭꼭 씹어 넘겨본다"라고 하거나 "입안에 오래 머문 맛/ 가끔 입맛을 다시는 혀"라는 표현을 보면, 이러한 표현들이 모두 이별한 후의 시적 화자가 이별하기 전의 정황을 되새김질하는 과정이라는 것을 생각해 보면, 그것은 곧 떠났지만 보내지 못한 마음의 무늬라는 점에서 회한의 정동을 표현한 것으로 이해할 수 있다. 특히 "입천장엔 당신의 이름이 눌러붙고"라는 구절을 보면, 차마 발설하지 못한 이름이라는 점에서 그것은 곧 정한의 이름이 되기도 한다. 시인이 "다른 행성의 주방에선/ 그 이름을 국처럼 데워주기도 한다"라고 하기도 하고, "그곳에선 이별을 반죽해/ 무엇이든 만들어낸다는데/ 나는 그 행성을 아직 찾지 못했다"라고 하면서 자꾸 "다른 행성"을 언급하는 것은 시인이 이별의 정황을 나름대로 정리해서 소화하지 못한 내면의 갈등과 미련에 대한 역설적 표현이라고 할 만하다.

　시인은 다른 시편에서도 '말', 혹은 '이름'이 결핍과 회한의 정동과 관련되어 있음을 다양하게 드러내고 있다. "어머니가 불러준 나만 알던 어릴 적 이름/ 첫사랑 여인의 자궁 속 없는 이름/ 꿈꾸지 못한 어린 두릅/ 이 모두 누가 따간 걸까"(「안개」)라는 대목에서 우리는 지금은 사라진 과거의 아름다움과 가치에 대한 탄식을 읽을 수 있다. 또한 "넘쳐버린 이야기가/ 내 그림자로 따라다닌걸/ 접시에 손을 대보니 알겠다"(「접시」)에서는 적절한 형식과 한계를 부여하지 못한 말이 시인의 트라우마로 작동하고 있음을 고백하고 있으며, "오래된 물음일수록/ 누구도 묻지 않을수록/ 필름 없이 인화된 사진 같아// 잃어버릴까 봐/ 한 번도 꺼내보지 않은,//당신"(「누구도 묻지 않는 말」)이라는 시구에서는 가슴 속에 묻어두고서 차마 꺼내지 못하는 '당신'이라는 말이 회한의 덩어리처럼 시인을 사로잡고 있음을 고백하고 있다. 주목되는 점은 항상 상실과 결핍이 '이름'이라든가 '이야기', 혹은 '말'이라는 것으로 표상되고 있다는 점인데, 이는 시인의 마음에 상처로 남아 있는 흔적으로서의 회한을 강조하기 위한 전략일 것이다. 그렇다면 이러한 회한을 치유할 수 있는 방법을 어떤 것일까? 말을 들어주는 존재를 만나는 길이 있을 것이다.

    사람 사이 줄을 치고 사는 일이 많다면
    선유도에 가보라고

    마루에 올라 달빛에 풀어놓은 말차처럼

입 안에서 동그랗게 말려 밀려가다 보면

걷다가 힘들어 내려놓은 말이 얼마나 많을지
여기, 선유도에선 매일 못다 한 말이 모여 바람을 부른다지

부딪쳐 오는 바람은 미처 적지 못한 생각에 줄을 긋고
넘어가지 못하는 일에 금을 긋지 말라고

그래, 여기 선유도 바람길에선
혼잣말도 바다 전체가 들어 준다고
당신이 선유도에 발을 딛는 건
조용히 줄을 치고 살고 싶다는 걸

바람이 열심히 몸을 뒤집는다

선유도가 말없이 붉다
　　　　　　　　　　―「선유도 가는 길」 전문

　선유도라는 섬이 시인에게 중요한 것은 그곳에 말이 쌓여 있기 때문이다. 거기에는 "걷다가 힘들어 내려놓은 말"이 쌓여 있으며, "매일 못한 말이 모여서 바람을 부"르고 있다. 또한 "여기 선유도 바람길에선/ 혼잣말도 바다 전체가 들어 준다"고 하는 것처럼 혼잣말도 누적되어 있다. 그러니까 선유도는 다양한 말들이 쌓여 있는 셈인데, 지금까지의 논의해 의하면 그것은 곧 시인이 수용하기 어려운 결핍과 상실의 상흔들이었다. 그러니까 선유도는 살아가면서 가슴

에 남게 되는 회한과 상흔의 다양한 말들이 와서 위로받고 신원伸冤을 하는 그러한 공간인 셈이다.

선유도가 해원의 공간이 될 수 있는 것은 '바람'과 '바다' 때문이다. "여기, 선유도에선 매일 못다 한 말이 모여 바람을 부른다지"라는 표현, 그리고 "혼잣말도 바다 전체가 들어 준다고"라는 대목에서 알 수 있듯이, 바다와 바람은 못다 한 말과 혼잣말에 호응하고 응답하면서 공감과 위로를 전한다. "부딪쳐 오는 바람은 미처 적지 못한 생각에 줄을 긋고/ 넘어가지 못하는 일에 금을 긋지 말라고" 하면서 시인으로 하여금 회한의 정동에 대한 투명한 이해에 이르게 하고, 시인이 스스로 설정한 어떤 한계를 무화시킴으로써 해탈과 해방의 기제로 작동하는 것이다. 이러한 맥락에서 시인은 자꾸 "사람 사이 줄을 치고 사는 일이 많다면"이라거나 "당신이 선유도에 발을 딛는 건/ 조용히 줄을 치고 살고 싶다는 걸"이라고 하면서 '줄을 치는' 행위를 강조한다. 이때 줄을 친다는 전자의 행위가 타자를 분리하고 배제하는 행위를 시사하고 있다면, 후자의 행위는 자신의 말을 들어주지 않는 타자를 원망하고 배제하는 것이 아니라 스스로 자신의 내면을 들여다보면서 성찰하는 삶, 곧 자족적인 삶에 대한 자각으로 이해할 수 있을 것이다. 그리고 이러한 성찰은 곧 말이 아니라 삶의 방식이 중요함을 자각하게 되는 기제가 된다.

비릿함이 내 몸을 더듬는다
우리는 처음
몸 전체가 혀였다가
혀는 곧 아가미로 바뀌지
숨을 쉬다가
문득 든 생각은 숨은 왜 이리 비린 건지
바닥에서 올라온 것은 모두 비린 삶
비리고 버린 삶 어딘가에서 전하고 싶은
말이 모여 이렇게 슬프게도 천천히 내게 온다
그런 날은 오래 잠겨 있는 세상에서 살고
흐르는 쪽이 아닌 흘러가는 곳에서 살고
머리와 꼬리 그 어디라도 좋아
비 오는 날에 땅만 보고 가도 좋아
떠나기 좋은 날이잖아
그러다가 다시 혀가 아가미가 내가
비 때문에 잠겨
세상이 온통 우와 거리며 내리는 그런 날에 잠겨
결국 나도 멈추어 선다는 걸
그 순간엔 알지 못했지
―「비린 숨을 쉬다」 전문

 '혀'와 '아가미'의 대립구조가 시의 전체적인 구도를 좌우하고 있다. '혀'는 발성기관으로서 언어와 관련이 있고, '아가미'는 호흡기관으로서 물속의 산소를 받아들여 생명을 유지하도록 한다. 시인은 "우리는 처음/ 몸 전체가 혀였다가/ 혀는 곧 아가미로 바뀌지"라고 하면서 우리의 존재적

본질이 언어에 있었다가 숨을 쉬는 생명 현상으로 바뀐다고 지적한다. 시인이 이처럼 혀를 중시하는 것은 시인의 언어에 대한 애착과 경사를 확인할 수 있는 장면이기는 하지만, 시인이 의식을 지배하는 것이 곧 언어의 세계였음을 암시하기도 한다. 그런데 이제 시인의 의식은 혀에서 아가미로 그 무게 중심이 변하고 있는 것이다.

시인은 "문득 든 생각은 숨은 왜 이리 비린 건지/ 바닥에서 올라온 것은 모두 비릿 삶"이라고 하면서 숨 쉬는 영역이 바닥에 해당되며, 그러하기에 그것은 비린 것이라는 시적 논리를 전개한다. 여기서 '비릿함'이라는 후각적 이미지는 매우 중요한 메타포로 생각되는데, 그것은 관념의 세계와 다른 어떤 '날 것'으로서의 이미지, 혹은 원초적인 세계의 이미지를 연상시키기 때문이다. 그러니까 혀로 대변되는 언어의 세계는 형이상학의 세계로서 관념에 해당한다면, 아가미로 표상되는 생명의 세계는 형이하학의 세계로서 물질에 해당하며, 구체적인 실생활이 되는 셈이다. 시인은 다른 시편에서 "젖어 있다는 건/ 나를 온전히/ 바닥에 내주는 일/ 그러므로/ 기꺼이 바닥이 되는 일"(「퇴근길」)이라고 하면서 젖는다는 것과 바닥이 되는 것이 동일한 유형의 사건임을 강조하고 있는데, 구체적 실생활이 바닥에 내려간 삶이며, 그래서 젖은 삶이며 비린 삶이라는 논리를 전개하고 있는 셈이다.

이러한 시적 논리는 "그런 날은 오래 잠겨 있는 세상에서 살고/ 흐르는 쪽이 아니라 흘러가는 곳에서 살고"라는 표현에서 다시 확인되거니와 이때 "흐르는 쪽이 아니라 흘러가는 곳"이라는 대목이 주목된다. 흐르는 쪽이 주체의 영역이라면 흘러가는 곳은 객체로서의 세계, 곧 수용자의 영역에 속하기 때문이다. 언어와 관련시켜 볼 때, 흐르는 쪽이 말하는 사람이라면 흘러가는 곳은 곧 말을 듣는 대상이라 할 수 있다. 그러니까 시인의 관심이 말하는 주체에서 말을 듣는 객체로 그 무게 중심이 변하고 있는 것이다. 이러한 장면은 앞서 '끝'에 대한 이미지를 점검하면서 시인이 '금강 하구'에서 바다에 도달해서 끝을 맺고 새로운 만남을 생성했던 장면을 떠올리게 한다. 중요한 것은 말을 하는 것이 아니라 듣는 것이며, 그러하기에 '입'이 중요한 것이 아니라 '귀'가 중요해지는데, 이러한 변화는 곧 사랑에 도달하는 과정이라 할 만하다.

3. 사랑, 혹은 스며든다는 것

너는 절절히 말하고
나는 그냥 운다

너의 절절함과
나의 울음 사이
걸려 넘어갈 수 없는 오후

시끄럽다고 하기엔

그 곡진한 이야기에 걸려

물에 말은 밥 한 공기 건네주고 싶다

끊어질 듯 이어지는

어느 신앙이 이리 절절할까 싶어

공손하게 쥐어보는

밥 한 그릇

눈물로 비벼보는

그릇 안

너와 내가

숲을 이룬다

—「매미」 전문

 "너는 절절히 말하고/ 나는 그냥 운다"라는 첫 구절에서 확인할 수 있는 것은 발화의 주체와 객체가 바뀌고 있다는 점이다. 말하는 주체는 '매미'이며, 나는 말하지 않고 "그냥 울"면서 말하는 매미에게 공감하는 태도를 취한다. 시인은 그동안 '힘들어 내려놓은 말' 때문에, 그리고 '매일 못 다 한 말' 때문에 회한의 정동에 물들어 있었다. 그런데 이제 시인은 차분하게 매미가 절절하게 호소하는 말에 귀를 기울이며 그것을 이해하려고 한다. 그래서 시인은 "시끄럽다고 하기엔/ 그 곡진한 이야기에 걸려/ 물에 말은 밥 한 공기 건네주고 싶다"라고 하면서 매미가 간직하고 있는 지극하고 간

곡한 심정을 이해하고 '밥 한 공기'를 대접함으로써 그를 위로하려고 한다. "끊어질 듯 이어지는/ 어느 신앙이 이리 절절할까 싶어"라는 표현을 보면, 시인은 절절할 매미의 울음소리에서 신앙과도 같은 경건하고 성스러운 믿음의 세계를 읽어내고 있는데, 이러한 장면이야말로 시인이 얼마나 타자의 목소리에 귀기울게 되었는가를 증명하는 장면이기도 하다.

사정이 이렇게 변했기에 "공손하게 쥐어보는/ 밥 한 그릇"이라는 표현 또한 예사롭지 않다. 그것은 간절하고 절절한 원망顧望을 간직하고 있는 사람에 대한 경의와 존중의 마음이 담겨 있기 때문이다. "눈물로 비벼보는/ 그릇 안"이라는 표현도 신앙과 같은 신념을 지닌 절절한 호소에 대한 공감을 담고 있기에 평범하지 않지만, 더욱 주목되는 것은 "너와 내가/ 숲을 이룬다"는 표현이다. 시적 맥락에 의하면 절절히 말하고 그것에 공감해서 눈물을 흘리며 한 그릇의 밥을 대접하는 행위가 바로 '숲'이라는 결과로 귀결된 것이다. 우리는 '숲'이라는 이미지에서 어우러진 삶이 자아내는 조화로운 화음으로서의 하모니를 연상할 수 있는데, 그것은 곧 '사랑'의 다른 이름일 것이다. 중요한 것은 이러한 사랑이 '입'이 아니라 '귀'에 대한 발견에서 유래했다는 점이다.

당신은 세상의 귀였다

새들이 떠나며 남긴 파문을 전하는 일 그래서 비가 왔다

소리를 전하는 일이란 창窓 하나 없이도 가능한 일

　　사선으로 내린 생각은 잔물결로 멈춘다

　　햇살의 무게만큼 끓어오르는 손짓

　　감당할 만큼의 무게로 매달려 쓰러지지 않는 법을 배우는 하루

　　지금, 한 세상이 다른 세상 하나를 받드는 계절이 피어난다
　　　　　　　　　　　　　　　　　—「연꽃」 전문

　다채로운 상징의 대상인 '연꽃'이 시적 제재가 되고 있다. 그런데 주목되는 것은 "당신은 세상의 귀였다"라는 첫 구절에서 확인할 수 있는 연꽃의 은유가 바로 '세상의 귀'라는 점이다. 우리는 이러한 대목에서 중생을 구제할 수 있는 천 개의 눈과 천 개의 손을 가지고 있다는 천수관음의 이미지를 떠올릴 수 있다. 중생의 고통에 귀를 기울이기 위해 천 개의 눈을 가지고 있고, 그 고통에서 벗어나게 해주기 위해서 천 개의 치유의 손을 가지고 있는 천수관음 보살에게서 가장 주목되는 것은 바로 천 개의 눈인데, '관음觀音'이라는 기표에서 짐작할 수 있듯이, 천 개의 눈은 바로 소리를 듣기 위한 것이기도 하다는 점에서 귀와 다르지 않다.

시인이 연꽃을 보면서 '세상의 귀'를 연상하는 것은 연꽃에서 바로 삼라만상의 소원과 바람에 귀를 기울이는 성자, 그리고 그가 지닌 소통의 능력을 연상했기 때문이다. 실제로 이 시의 시적 공간에는 다양한 자연의 메시지와 소통의 매개물들이 제시되고 있는데, "새들이 떠나며 남긴 파문"이라든가 그것의 영향으로 내리는 "비", 그리고 "소리"라든가 "창(窓)"들이 모두 자연에 만연한 메시지와 소통의 도구들이다. "새들이 떠나고 남긴 파문"이라는 신호는 매우 신비로운 메시지를 담고 있는 것이지만, "사선으로 내리는 생각"이라든가 "햇살의 무게만큼 끓어오르는 손짓" 또한 신비로운 메시지를 지니고 있어서 그러한 메시지에 담긴 기의를 읽어내는 것은 신비로운 영역에 속한다. 그런데 시인은 연꽃이 그러한 메시지를 해독하고 공감하는 능력을 지닌 존재로 상정하고 있는 것이다. 특히 "한 세상이 다른 세상 하나를 받드는 계절이 피어난다"는 표현을 음미해 보면, 연꽃이 하나의 매트릭스 혹은 모태가 되어 다른 세상을 떠받드는 기제로 상정되고 있는데, 이러한 구도는 타자의 목소리에 귀를 기울이는 일이 하나의 세상을 온전히 보존하는 바탕이 된다는 생각을 읽어낼 수 있다. 타자의 고통과 바람에 귀를 기울이는 일이 곧 자비로운 성품의 발현이며 그것이 곧 사랑이라고 할 때, 시인은 세상의 근원에 도달한 셈이 된다. 그리하여 다음과 같은 아름다운 시가 탄생한다.

처음 가는 곳마다 당신은 요구르트를 먹었다
우리는 이렇게 작은 요구르트병을 사랑했다

신비로움에 대해 말해 봐
요구르트 맛은 신비롭다고
눈밭에 오줌을 누면서 말했다

신비로워 스며드는 순간을 사랑한다고
나는 사랑하면 요구르트를 마시라고 말했다

당신은 나를 만난 순간
요구르트가 없다면 떠날지도 모른다 했다

몸 깊은 곳마다
서걱거리는 마음 사이로
꽃잎이 날아왔다
꽃은 한쪽으로만 몰려가고 내 마음도 따라 몰려
사랑해 말해 보는 입 안 가득
동그랗게 말린 혀 사이로
요구르트 향이 가득했음 좋겠다

꾸덕꾸덕 지지 않게 흘러내리는 아침
커튼을 걷으며 사랑한 후에 마시는
신비롭게 맛있는 당신

하늘이 온통 요구르트 맛이다
　　—「사랑한 후에 먹는 요구르트는 맛있다」 전문

표제시이기도 한 이 작품은 시인이 '끝'과 '말', 그리고 '귀'의 발견을 통해 도달한 이 시집의 귀결이자 시적 사유의 성숙, 그리고 시적 진화를 실증해주는 작품이기도 하다. 시인은 시적 공간에서 반복해서 요구르트의 맛을 강조하고 있다. "우리는 이렇게 작은 요구르트병을 사랑했다"라는 표현을 비롯하여 "나는 사랑하면 요구르트를 마시라고 말했다"라고 하면서 요구르트와 사랑이 긴밀히 결부되어 있음을 강조하고 있다. 특히 "사랑한 후에 마시는/ 신비롭게 맛있는 당신"이라는 표현을 보면, 요구르트가 사랑하는 사람 그 자체에 대한 은유로 탈바꿈되어 있는 것을 목격할 수 있다. 그러니까 요구르트 자체가 곧 사랑이기도 한 셈이다.

요구르트가 사랑일 수 있는 것은 그것이 사랑의 속성을 함축하고 있기 때문일 것인데, 그것은 곧 '스며드는' 속성과 '신비로운' 속성이라고 할 수 있다. 시인은 "신비로움에 대해 말해 봐/ 요구르트 맛은 신비롭다고"라고 하며 요구르트의 맛에 신비로운 속성을 부여하기도 하고, "신비로워 스며드는 순간을 사랑한다고"라고 하면서 신비로움이 곧 '스며드는' 속성에서 야기된다는 것을 시사하기도 한다. 금강 하구가 스며들어서 한 몸처럼 되는 것처럼, 그리고 연민과 공감을 통해서 "눈물로 비벼보는/ 그릇 안"에서 "너와 내가/ 숲을 이루"(「매미」)는 것처럼 요구르트는 타자의 몸에 스며들어서 한 몸이 되는 것이다. 이질적인 타자들의 결합에 의해서 하모니를 이루는 것이 궁극적인 사랑의 모습이라고 할 때, 요구르트는 진정한 사랑의 모습을 체현하고 있는 셈이다.

　지금까지 홍철기 시인의 두 번째 시집이 이룩한 시적 사유의 성숙과 시적 진화의 모습을 확인해 보았다. 시인은 '끝'에 대한 결단을 통해서 부조리한 현실과 결별하고자 하는 의지를 불태웠지만, 결국 그것을 승화하여 새로운 생성과 만남의 계기를 마련했다. 또한 '못 다 한 말'에 대한 집착으로 회한과 원망의 정동에 사로잡혀 있었지만, '말'이란 하는 것이 중요한 것이 아니라 듣는 것이 중요하다는 인식의 전환에 이르러 새로운 삶의 가능성을 발견한다. 이러한 시적 진화에서 가장 중요한 대목은 바로 '사랑'에 대한 깨달음이라고 할 수 있는데, 사랑이란 '입'이 아니라 '귀'에서 발현된다는 것, 그래서 그것은 공감과 연민의 정동을 통해서 스며들게 된다는 것, 그리하여 신비로운 합일을 통해 하모니에 도달할 수 있다는 것을 보여주었다. 한편의 드라마와 같은 시적 전개와 시적 성숙을 바라보는 일은 행복한 경험에 속한다. 그리고 그러한 드라마가 다시금 새로운 시집에서는 어떻게 펼쳐질 것인가를 기대하게 되는 마음은 설레는 일이기도 하다.

사랑한 후에 마시는 요쿠르트는 맛있다

초판 1쇄 인쇄일 | 2025년 8월 30일
지은이 | 홍철기
펴낸이 | 김미아
펴낸곳 | 더푸른 출판사
편 집 | 하종기

출판 등록 2019년 2월 19일 제 2009-000006호
경기도 평택시 지제동삭3로11, 108동 802호

전화 | 031-616-7139
팩스 | 0504-361-5259
E-mail | dprcps@naver.com
홈페이지 | https://blog.naver.com/dprcps

ISBN | 979-11-989716-4-7

값 12,000원

* 지은이와 협의에 의해 인지는 생략합니다.
* 잘못된 책은 구입하신 곳에서 교환해 드립니다.

* 본 책은 군산문화관광재단 2025문화예술진흥지원사업에 지원을 받아 제작 되었습니다.